APPEL

AU

PATRIOTISME

ET

AU BON SENS

PAR

LE Cte AGÉNOR DE GASPARIN

GENÈVE ET BALE
H. GEORG, LIBRAIRE-ÉDITEUR

1871

Genève. — Imprimerie Ramboz et Schuchardt.

Ces pages, dont une circonstance imprévue a retardé la publication, ont été écrites avant la chute de M. Gambetta. La situation, depuis lors, a moins changé qu'on ne le dit et la politique de la paix est moins victorieuse qu'on ne l'imagine. Si le pays, enfin consulté, lui a donné un éclatant appui, le péril reste cependant immense. Vouloir la paix, c'est quelque chose; vouloir la paix avec ses vraies conditions, c'est tout. Il n'est pas trop tard, quoiqu'il soit bien tard, pour donner à la médiation européenne la base d'un grand sacrifice consenti, d'une libérale transaction offerte par la France.

Valleyres, le 16 février 1871.

LA POLITIQUE FRANÇAISE

DE GUERRE A OUTRANCE

I

La politique de la guerre à outrance a eu cinq mois pour faire ses preuves : elle a régné sans contradiction et sans partage du désastre de Sedan à la capitulation de Paris. En signant cet acte, M. Jules Favre, et avec lui les membres du gouvernement de la défense, ont courageusement inauguré une autre politique. Reste à savoir ce que fera la délégation qui siége à Bordeaux et qui se personnifie dans son fougueux dictateur, M. Gambetta. Par bonheur, l'avenir de la France ne dépend pas uniquement de lui. L'opinion du pays, dont on a jusqu'ici empêché les manifestations, va enfin se faire jour. On affirme (j'en crois à peine mes oreilles) que nous allons avoir des élections, que la France pourra donner son avis sur ses destinées, que nous serons autorisés à prendre la direction de nos affaires, que la voix d'une assemblée nationale se fera entendre à côté des harangues de M. Gambetta et des vociférations des clubs.

Le moment est donc venu de discuter cette politique de la guerre à outrance, qui a disposé souverainement de nous et qui nous a rendu, sous une forme nouvelle, le pouvoir personnel tombé à Sedan. Puisqu'on veut bien nous permettre un retour vers la liberté, profitons en vite pour examiner les résultats de la politique régnante et pour nous demander s'il ne serait pas temps d'en changer.

Le dossier est complet et nous pouvons juger la politique de Bordeaux d'après ses œuvres. Il ne s'agit pas de discuter les principes, mais d'apprécier des faits aussi clairs que la lumière du jour. Est-il besoin d'ajouter que nous parlons des choses et non des personnes ? Si M. Gambetta nous fait l'effet d'un politique dangereux, nous n'avons que du respect pour son dévouement et son courage.

Mais décidément il a trop lu le *Moniteur* de 1792. Il croit trop qu'on peut improviser des généraux et des soldats, qu'en frappant la terre du pied on peut en faire sortir de vraies armées. Il oublie trop que les armées allemandes du général de Moltke ressemblent peu aux armées du duc de Cobourg. Il est trop convaincu que, pour préparer la victoire, il suffit de chauffer l'enthousiasme, que les beaux discours peuvent suppléer à l'apprentissage militaire et à la discipline, et que l'essentiel, pour expulser l'ennemi, c'est d'entretenir à tout prix la rage patriotique et la confiance dans le succès. De là ce gouvernement à coups de *tamtam* qui nous fait une si étrange réputation en Europe. De là cette persistance à annoncer et à prédire des victoires presque toujours suivies de reculs et qui n'existent que dans les proclamations ou dans les dépêches.

Je me trompe, elles existent aussi dans l'imagination du

peuple, assez du moins pour provoquer après chaque déception nouvelle une explosion de défiance et de colère.

Comment voulez-vous qu'on ne crie pas à la trahison, lorsque nous nous trouvons si souvent à la veille d'un triomphe et au lendemain d'un revers? Il faut qu'il y ait des traîtres, des espions, des lâches! Cela n'est pas naturel, cela n'est pas possible! Nous ne pouvons pas être vaincus, vaincus tout simplement comme les autres peuples de l'Europe l'ont été par nous! La politique de la guerre à outrance a entretenu chez nous de telles illusions, elle a si grand besoin d'en créer encore de nouvelles, qu'elle nous livre à une alternative d'espérances et de découragements, de joies et de colères, plus propre que rien au monde à briser nos forces nationales et à nous mener aux abîmes. Pour peu que la France consentît à remettre un jour de plus ses destinées aux mains de la politique qui dispose d'elle depuis cinq mois, nous pourrions dire adieu à toutes nos espérances patriotiques de relèvement et de liberté. Un mois encore de ce gouvernement-là, et nous sommes radicalement perdus.

Voici en effet ses œuvres et ce que la France lui doit.

C'est quelque chose, j'en conviens, d'avoir fait acte de virilité, d'avoir montré l'énergie nationale prête à tous les sacrifices; mais n'exagérons rien. Si l'on a vu la France se lever et combattre héroïquement après Sedan, on l'a vue aussi échouer dans ses généreux efforts; elle a succombé dans son élan national comme elle avait succombé dans ses armées. Nous avons eu de nobles défaites, mais ce sont des défaites. Nous avons eu la belle défense de Paris, mais Paris a capitulé. Nous avons eu les batailles de la Loire et de la Sarthe, mais on a infligé à nos armées un affront que, grâce à Dieu, elles ne connaissaient pas jusqu'ici: des gendarmes marchaient derrière elles pour saisir les fuyards, et la menace des conseils de guerre planait sur la tête des généraux malheureux.

Est-il vrai qu'on ait relevé la France, qu'on lui ait donné

une situation meilleure que celle du lendemain de Sedan? Il faut résoudre cette question par des faits et non par des phrases. Les faits, les voici :

Dans l'espace de cinq mois la politique de guerre à outrance a trouvé moyen de tripler ou quadrupler le nombre de nos défaites, le nombre de nos départements occupés par l'ennemi. Elle a reculé de Tours à Bordeaux. Elle a perdu la ligne de la Loire, elle a vu échouer, au Nord comme au Sud et à l'Est, les vaillantes tentatives des armées de secours. Elle a jeté en Suisse les troupes désorganisées de Bourbaki. Elle n'est pas parvenue à percer les lignes allemandes devant Paris. Elle a réduit notre brave capitale à la nécessité de se rendre. Il y avait après Sedan 150,000 Français prisonniers de guerre; il y en a six ou sept cent mille aujourd'hui, en Allemagne, en Belgique, en Suisse, dans Paris même.

Tout cela s'est fait au nom d'une politique bruyante, vantarde, toujours satisfaite d'elle-même, toujours persuadée qu'elle sauve et relève le pays, toujours prête à prophétiser la victoire qu'elle a si habilement préparée. Il est vrai que c'est maintenant la victoire par la défaite, nouvelle formule inventée par M. Gambetta et qui ne semblera pas à tout le monde aussi rassurante qu'à lui-même.

Comment en sommes-nous venus là? comment avons-nous accumulé tant de désastres en si peu de mois? Le double principe de la politique dont je parle suffit à tout expliquer. Ses deux mots d'ordres, ses deux articles de foi sont, d'abord, ne jamais traiter avec l'ennemi; ensuite, ne jamais consulter la France. Sans le second mot d'ordre, le premier serait compromis et la France pourrait bien trouver un beau jour qu'une paix modérée est préférable à cette paix funeste que la guerre à outrance semble avoir pris soin de nous assurer. La France pourrait bien penser que, lorsqu'il n'y a pas de chances raisonnables de succès, il vaut mieux s'arrêter à temps; faire l'économie de nouvelles défaites, de nouvelles ruines, de nouveaux deuils, et négocier pendant qu'on peut encore faire prévaloir une transaction au lieu de subir un écrasement.

Comme la France était soupçonnée de penser cela, on l'a traitée ainsi qu'on traite les suspects sous le régime bienheureux des dictatures : on l'a tout simplement bâillonnée, on s'est chargé de penser et de parler pour elle. Ceux qui se sont étonnés quand on a récemment dissous les Conseils généraux, et quand on en a annoncé le remplacement par de simples commissions à la nomination du gouvernement, sont, en vérité, bien naïfs. La politique de la guerre à outrance nous en fera voir d'autres avant qu'il soit longtemps, si la grande voix de la France ne vient couvrir à temps les clameurs des clubs et dicter ses volontés souveraines à ceux qui dirigeront ses affaires. Ou la France se ressaisira elle-même, ou nous verrons le système qui est en train de la perdre et qui a si fort avancé sa besogne, nous mener décidément au précipice par le chemin trop connu des servitudes révolutionnaires.

Pendant ces cinq mois, durant lesquels la France a été réduite au silence, le système a eu ses coudées franches pour satisfaire ses amis, criant dans les rues : Point d'élections ! point de paix ! Trois occasions de traiter se sont offertes à lui ; on sait ce qu'il en a fait.

Une première occasion s'est présentée après Sedan. Strasbourg, Metz et toutes les places des Vosges tenaient encore ; notre gouvernement avait entre les mains un puissant moyen de négociations. Offrir en ce moment-là le rasement des forteresses de l'Est et le paiement des frais de la guerre, c'était prendre une position très-forte et placer le roi Guillaume dans l'alternative, ou d'accepter une concession proportionnée à ses succès, ou d'assumer réellement la responsabilité de la guerre. L'opinion de l'Europe nous aurait soutenus ; au lieu de cela, nous sommes allés porter à Ferrières la fameuse formule : « Ni un pouce de notre territoire, ni une pierre de nos forteresses. » Mis en demeure de se contenter d'une somme d'argent et de cette satisfaction platonique, qui s'appelle un changement de gouvernement en France, le comte de Bismarck s'est vu soustrait aux embarras qu'une offre sérieuse lui aurait causé.

Après Metz, nouvelle occasion de traiter. La politique de guerre à outrance a écarté la seconde comme la première. On avait déclaré Paris imprenable ; on proclamait sous toutes les formes que nos jeunes armées et nos jeunes généraux allaient exterminer tous les Allemands jusqu'au dernier ; on se plaisait à dire et à redire que la guerre ne faisait que commencer ; comment aurait-on accepté la pensée d'une négociation véritable? Aussi s'en garda-t-on bien ; on se contenta de donner à l'opinion pacifique une satisfaction illusoire en ouvrant des pourparlers sur l'armistice sans en ouvrir sur la paix, et en réclamant ce que M. de Bismarck était décidé à ne point accorder si les bases de la paix n'étaient admises : le ravitaillement de Paris.

Cette fois encore, il eût fallu saisir avec une patriotique audace l'initiative d'un sacrifice qui pût être pris en considération. Metz et Strasbourg étaient au pouvoir de l'ennemi, mais Paris n'avait perdu aucun de ses moyens de résistance, l'hiver arrivait, les maladies commençaient à sévir, les communications étaient devenues difficiles et couraient risque d'être menacées, les armées de secours achevaient de se former. Dans de telles circonstances, un gouvernement qui n'eût pas érigé la guerre à outrance en principe, n'eût pas manqué de prendre une initiative dont toute l'Europe lui aurait su gré.

La démolition de nos forteresses n'était plus suffisante, et l'abandon de nos provinces à l'Allemagne étant impossible, un moyen terme s'offrait de lui-même. En renonçant à l'Alsace et à la Lorraine allemande, la France accomplissait un douloureux sacrifice et consentait à un amoindrissement considérable; mais en stipulant pour l'Alsace l'indépendance et la neutralité, la France sauvegardait son honneur, assurait le bonheur du nouvel État, complétait la zone neutralisée, fermait la porte des guerres et fondait dans l'intérêt de tous la garantie de la paix future; cela valait la peine d'être proposé, cela était digne de la France!

Allons plus loin : une telle transaction est tellement conforme aux besoins durables de la société européenne, qu'alors même que la politique de la guerre à outrance l'aurait irrémédiablement compromise, cette transaction ne saurait manquer de reparaître et de prévaloir quelque jour, à moins que nous ne soyons entrés dans la crise des convulsions finales d'où l'on ne sort plus.

En tout cas, si le gouvernement français avait hautement proclamé ces tendances politiques, s'il avait hautement annoncé l'intention de faire un tel sacrifice, le monde entier se serait levé pour le soutenir; la médiation aurait trouvé le ferme terrain qui lui a manqué jusqu'ici, et la continuation des hostilités serait devenue pour l'Allemagne une difficulté politique de premier ordre.

Rien n'empêchait d'ailleurs notre gouvernement de s'appuyer, en pareille matière, sur l'assentiment de la nation. Cessant de repousser la paix, il cessait de repousser les élections et la liberté ; une assemblée, même incomplète, réunie à Tours, aurait pu manifester dignement, au nom de la France, la double détermination de résister à la conquête de l'Alsace et de consentir à sa neutralité.

Mais non. Propose-t-on de tels arrangements quand on est sûr d'expulser l'ennemi? S'inquiète-t-on de l'avis de la France, quand on professe les hautes doctrines de la démocratie autoritaire? La souveraineté du but ne donne-t-elle pas toute licence de mener un peuple où il ne veut pas aller, de le mettre au bon chemin malgré qu'il en ait? La résurrection du pouvoir personnel n'est-elle pas une arme commode, et qu'importe la liberté lorsque la dictature est nécessaire? Il faut laisser à Paul Manin ses scrupules timides qui, dans Venise assiégée et en face des canons autrichiens, lui faisait déposer au bout de vingt-quatre heures son autorité dictatoriale, bien qu'elle eût été ratifiée par un peuple entier.

Cependant Paris était au bout de sa ferme résistance, et les trois armées de secours, célébrées l'une après l'autre, avaient succombé l'une après l'autre. Leur impuissance est devenue aussi évidente que leur vaillance. La catastrophe que le plus vulgaire instinct politique aurait dû prévoir dès le 4 septembre, et que le patriotisme le plus élémentaire aurait dû se hâter de prévenir, était devenue inévitable. Le désastre de Paris allait succéder à celui de Metz, comme celui de Metz avait succédé à celui de Sedan.

Que faire? Les deux patriotismes se trouvaient une quatrième fois en présence, celui qui perd la patrie en prononçant de grands mots, et celui qui accepte l'impopularité pour sauver le pays.

Le gouvernement de la défense qui siége à Paris, et M. Jules Favre en particulier, ont eu le courage le plus rare en France, le courage d'envisager la situation de sang-froid, d'en accepter les conséquences et d'attacher leurs noms à une capitulation douloureuse.

La délégation gouvernementale qui siége à Bordeaux ne paraît pas disposée à marcher dans la même voie. En réponse à l'armistice, M. Gambetta s'est empressé de déployer une fois encore le drapeau de la guerre à outrance; nous avons tous lu sa proclamation, qui se termine par ces mots : « Aux armes! aux armes! Vive la République, une et indivisible! »

II

C'est bien de cette République qu'il s'agit; c'est bien au nom des traditions rappelées par cette formule qu'on prétend renouveler ou continuer la guerre à outrance; elle se nomme désormais la guerre du désespoir.

On se prépare purement et simplement à tuer la France. Il lui reste encore quelques jeunes gens; il y a encore quelques provinces non occupées par l'ennemi; elle conserve quelques chances de relèvement et de grandeur. Ce que le comte de Bismarck ne pourrait faire, les hommes de la guerre à outrance se chargeront de l'accomplir. Ils nous feront une toute petite France, foulée aux pieds par l'anarchie, ravagée par la guerre civile, dévastée d'un bout à l'autre par la guerre étrangère, asservie enfin par la terreur; une petite France bien centralisée, bien matée, bien muselée, une France livrée à la commune et aux comités de salut public. Si cette France-là n'est plus la France, si elle rend à jamais exécrables les beaux noms de république et de liberté; si elle renonce à tout rôle vraiment grand, si elle écarte de nous les sympathies de l'Europe, eh bien! tant pis! Nous aurons du moins goûté les charmes du régime qui décrète la victoire ou la mort, et qui désormais nous conduira droit à la mort sans qu'il soit question de victoire.

Il n'y a point de partisans de la paix à tout prix, il y en a de la guerre à tout prix. Voyez leur attitude, depuis que la capitulation de Paris les a placés en face de ces deux calamités qu'ils redoutent par dessus tout, la paix et les élections. Comme ils prennent leurs précautions contre cette pensée de paix, contre cette délibération sur la paix qu'il faut bien accepter maintenant! Comme ils se hâtent de fausser le décret d'élection et de restreindre la liberté du pays! Comme la délégation de Bordeaux proclame nettement son antagonisme avec le gouvernement de Paris!

Drapeau contre drapeau, politique contre politique, telle est la situation. Par bonheur, ce sera à la France de choisir: elle décidera elle-même, un dictateur ne décidera pas en son nom. Il était temps qu'elle se ressaisît, car son avenir entier est en cause. Je rappelais tout à l'heure ce que nous a coûté la politique de guerre à outrance; il serait aisé d'annoncer maintenant ce qu'elle nous coûtera si on lui permet de continuer. Pas n'est besoin d'être prophète pour cela: hier est la prédiction de demain.

Hier, on affirmait carrément qu'en poursuivant la guerre nous ne courions aucun risque, les conditions de la paix restant les mêmes. On sait maintenant à quoi s'en tenir: les exigences de l'Allemagne ont grandi, les chances de transaction ont diminué. Le plus simple bon sens eût dû le prévoir. En tout cas, les frais de la guerre, les nôtres et ceux que réclamera l'Allémagne, s'accumulent dans d'effrayantes proportions; vingt-quatre heures de guerre, cela se paye, et se paye cher. Il se peut que ce soit un misérable détail aux yeux de M. Gambetta, mais pour nos pauvres cultivateurs ruinés, qui n'ont plus rien, et qui seront appelés à payer beaucoup, quelques milliards de plus ou de moins ont une certaine importance.

Nous avons la faiblesse, nous, de penser à ce misérable détail, la cote du percepteur apportée dans les chaumières. Bien plus, qu'on nous le pardonne, nous allons jusqu'à faire cas de la vie humaine : à nos yeux, une seule vie est d'un prix immense; la sacrifier sans motifs suffisants, c'est un crime. Un gouvernement qui prolonge inutilement la guerre prononce par le fait une longue série de condamnations à mort.

Je sais que cela se fait d'un cœur léger. D'un cœur léger on a déclaré la guerre; d'un cœur léger on l'a poursuivie, écartant les occasions de conclure honorablement la paix ; d'un cœur léger on se dispose à la continuer encore, n'ayant plus même l'excuse d'une espérance ou d'une illusion. Que voulez-vous? C'est si peu de chose, la mort des hommes! C'est si peu de chose, la douleur des mères et le deuil éternel des familles!

En voyant passer l'autre jour les tristes débris de l'armée de Bourbaki, tous ces hommes à peine vêtus, mourant de faim, les pieds gelés, ayant l'aspect d'un hôpital en marche, je comprenais mieux que je ne l'avais compris encore à quel point on nous a payés de phrases et quel triste métier on a fait faire à la France en galvanisant une résistance impossible. Non, il n'y a rien eu d'accidentel dans la suite lugubre de ces catastrophes auxquelles nous avons assisté en frémissant. On devait savoir, on devait prévoir ce qu'on préparait à ces conscrits, à ces mobiles qu'on jetait en hâte dans la fournaise.

Maintenant on doit savoir, on doit prévoir encore mieux vers quelles calamités suprêmes on nous précipiterait en allant chercher d'autres conscrits, en essayant de faire des soldats avec des fusils et des armées avec des décrets, en s'imaginant qu'on ajoute quelque chose à nos chances de succès lorsqu'on grossit notre effectif de cent mille, de deux cent mille, de cinq cent mille hommes. La leçon est bonne, et en ma qualité de Français je la trouve suffisante. La guerre est devenue assez atroce en se prolongeant; je ne tiens pas à ce qu'elle devienne tout à fait sauvage. Ce serait un mince profit pour nous de détruire nos dernières chances de paix modérée et de médiation européenne. Si nous ne négocions pas à présent, nous ne négocierons plus, nous subirons. Ce sera décidément la paix écrasante, l'Alsace annexée, la Lorraine suivant l'Alsace, la ligne de la Meuse peut-être. Ce seront des milliards s'ajoutant aux milliards. Ce sera, qui sait? la réalisation de l'impossible, une restauration impériale. Ou, pour en tenir lieu, l'organisation d'une bonne tyrannie révolutionnaire.

Voilà, en partie du moins, ce que nous coûtera désormais la politique de guerre à outrance. Espérons que cette folle et affreuse guerre, dont le suicide de Prévost-Paradol a marqué le début, se terminera au suicide de Bourbaki.

Je comptais tout à l'heure l'installation d'un despotisme révolutionnaire parmi les désastres que la guerre prolongée peut amener. Mais ce qui me fait l'effet d'un désastre apparaît aux yeux du parti comme une séduisante perspective. Il se console un peu des malheurs de la France par le bonheur d'établir ou de maintenir à sa tête les hommes du nivellement.

En vertu d'un sûr instinct, le parti comprend que la France mutilée et misérable peut seule tomber entre ses mains. Tant que la France restera capable d'être un peu libre, tant qu'elle restera capable de vivre, elle ne consentira point à s'abaisser jusque-là. L'unique chance du parti, c'est notre écrasement complet; il lui faut la guerre du désespoir pour fonder le gouvernement du désespoir.

On conçoit telle situation où les désespérés osent seuls se charger des affaires ! Les hommes de quelque valeur se récusent, l'administration régulière est devenue impossible. En présence de charges accablantes, vis-à-vis d'un mécontentement croissant, le chemin s'ouvre devant les violents et devant les fous. On peut tout essayer alors, la banqueroute, l'emprunt forcé et le reste.

Ne nous le dissimulons pas, nous sommes au bord d'une crise intérieure dont les désolations risquent de dépasser celles de la guerre. Un élément de prodigieux désordre s'agite au fond de notre société. La menace de la guerre civile a déjà retenti. Ceci ressemble beaucoup à la dissolution, ceci pourrait être la fin de la France; mais la France ne veut pas finir, et sa grande voix se fera bientôt entendre, je l'espère. Il était temps. Nous avons tous lu les délibérations de Lyon et de Bordeaux. Supprimer toute liberté, châtier, inspirer la terreur, suspendre une menace sur la tête des fonctionnaires comme sur celle des généraux et des soldats, faire taire les dissidences au nom du salut public, à ces traits on reconnaît le système. Nos généraux en ont senti le poids : la démission d'Aurelles de Paladine et le pistolet de Bourbaki ont répondu. Hier on abolissait notre dernière garantie libérale, l'inamovibilité des magistrats, aujourd'hui on abolit autant qu'il est possible l'indépendance du choix des électeurs. Élections, magistrature, conseils généraux, tout doit être soumis au régime du bon plaisir.

Heureusement, le drapeau de la liberté a été relevé par le gouvernement de Paris. Je me représente le sentiment de dignité avec lequel M. Jules Favre a dû inscrire dans la convention d'armistice l'article qui concerne les élections ; cet article, c'est la protestation contre la dictature, c'est le retour au régime légal, c'est la représentation nationale chargée désormais de traiter et de résoudre avec l'autorité, qu'elle seule peut avoir la question de paix ou de guerre, c'est la France remise en possession du gouvernement de ses destinées.

Hélas, les choses ne sont plus entières et la situation est bien compromise ; l'assemblée ne sera plus placée pour traiter comme elle l'eût été il y a deux mois, il y a cinq mois. Mais du moins il lui restera encore une décision à prendre ; dans le système de la délégation de Bordeaux, elle n'aurait conservé d'autre rôle, lorsqu'on l'aurait convoquée un jour, que de ratifier docilement des faits accomplis, de liquider une banqueroute sociale, de trouver des ressources, de voter des emprunts et des impôts.

Non, parmi les humiliations infligées à mon pays, je n'en connais pas de plus dûres que celle-ci. Nous sommes la France ! Nous prenons pour un assentiment ce concours des citoyens qui ne veulent pas se séparer devant l'ennemi ! Nous tenons la nation en tutelle ! Nous refusons de la consulter sur les questions de vie et de mort ! Plus tard, en temps ordinaire, elle pourra régler la question des chemins vicinaux; aujourd'hui, nous ne lui demandons pas si elle veut combattre ou traiter.

Je ne me fais pas d'illusions sur les difficultés et même sur les inconvénients que présentera une assemblée. Elle commettra peut-être plus d'une faute, elle créera plus d'un embarras. Mais au travers des conflits qui pourront y naître, la pensée vraie du pays finira par se dégager. Cette pensée est pacifique, soyez en sûr. Je viens de causer avec un grand nombre d'officiers et de soldats de notre armée de l'Est, et presque tous m'ont exprimé un seul désir, la paix.

Lorsque l'assemblée manifestera ce désir à son tour, lorsqu'elle proclamera devant l'Europe l'intention de faire de grands sacrifices et d'offrir une large transaction, sa parole aura un poids que la parole d'un gouvernement provisoire ne pourrait avoir.

En tout cas, elle nous arrachera par sa seule présence à l'absolutisme d'un parti.

Ce parti, qui est à l'œuvre depuis cinq mois et surtout depuis le jour où le blocus de Paris a livré la France à un éloquent tribun, faisant à nos dépens son apprentissage de stratégiste et d'homme d'Etat, ce parti aime la république plus que la France et la révolution plus que la république.

On l'a bien vu dès la première heure : à peine l'empire renversé, tous les partisans de la république universelle se sont ralliés à nous du jour au lendemain ; notre cause est devenue excellente ; les volontaires sont accourus sous notre drapeau. Ils sont venus pour la république universelle, ils sont venus pour la révolution, et non pour la France.

Si la France avait conservé une forme monarchique et si la révolution républicaine s'était opérée en Allemagne, ils auraient tous volé au secours de l'Allemagne et combattu contre nous. Ils ne font pas la guerre aux Allemands, ils la font aux rois. Dans la lutte actuelle ils ne voyent qu'une chose, la république aux prises avec la monarchie. Encore faut-il bien s'entendre, et toutes les républiques ne leur iraient pas. C'est la république de droit divin, la république de propagande, la république révolutionnaire, la république rouge qui les attire. Tout le monde a remarqué la couleur des drapeaux qui flottaient l'autre jour à Londres, dans la grande manifestation de Belgrave-Square.

LA POLITIQUE ALLEMANDE

DE GUERRE A OUTRANCE

I

Il y a aussi en Allemagne une politique de guerre à outrance, et elle constitue une des plus grosses difficultés de la situation.

Expliquons-nous nettement. La guerre à outrance n'est voulue en Allemagne ni par la nation, ni même par un parti; elle figure, dans le programme qu'adoptent en ce moment les hommes d'Etat auxquels l'Allemagne donne sa confiance et qu'elle semble suivre aveuglément.

Sachons être justes, en dépit de nos douleurs. L'Allemagne aurait mieux fait peut-être de s'arrêter après Sedan, mais elle n'y était pas tenue. Continuer à combattre tant qu'aucune proposition de paix sérieuse n'est présentée, combattre jusqu'à ce qu'on offre autre chose que de l'argent, combattre jusqu'à ce que la sécurité des frontières soit conquise, combattre enfin en vue de la paix future, ce n'est pas faire la guerre à outrance.

Je vous dirai où commence celle-ci. Elle commence au point précis où finit la guerre en vue de la paix et où apparaît la guerre en vue d'une guerre nouvelle.

Que les chefs de l'Allemagne victorieuse s'attachent à protéger leur pays contre les attaques de la France, qu'ils tiennent à supprimer les moyens d'agression accumulés par nous dans notre quadrilatère de l'Est, qu'ils tiennent à nous ôter là notre force offensive en rasant nos forteresses et en nous privant de l'Alsace et des Vosges, qu'ils prennent enfin toutes leurs précautions, prudemment, dûrement, pour que leur patrie soit désormais en sûreté, cela peut se faire dans un esprit de paix.

On cesse d'agir dans un esprit de paix lorsque, non content de supprimer la force offensive de l'adversaire, on a soin d'organiser sa propre force offensive, de prendre position pour une nouvelle guerre et d'entrer pour ainsi dire en campagne le jour même où l'on signe le traité de paix.

Les traités de paix doivent se signer comme des traités de paix, et non comme des trêves. Avec ce raisonnement qui consiste à dire que l'adversaire recommencera, il ne faut plus parler de paix ; il ne reste que la guerre, la guerre éternelle, la guerre à outrance. L'adversaire recommencera ! Donc il faut le réduire à l'impuissance ; donc il faut l'écraser. Au point de vue où se place M. de Bismarck, réduire la France au rang de puissance de second ordre, c'est à peine assez ; il faut ici, je le répète, l'impuissance absolue et le complet écrasement. Si vous tenez pour certaine une nouvelle guerre, si vous exécutez dès à présent un plan stratégique, je ne vois pas pourquoi vous vous arrêteriez à Metz ; il y aurait peut-être avantage à adopter la ligne de la Meuse. Au point de vue d'une nouvelle guerre, tout est permis, tout est légitime ; mais qu'on ne nous parle plus de paix ! Ce sera une suspension d'armes, un armistice un peu plus long que celui de Versailles ; l'Allemagne conserve les points d'où son attaque peut s'opérer le mieux et d'où sa marche sur Paris peut se faire le plus promptement ; l'Europe est avertie.

A force de supposer la guerre, on la crée. A force de prévoir ce qui peut arriver, on est certain de faire arriver ce qu'il y a de pis. A force de se prémunir contre une guerre possible, les hommes qui gouvernent l'Allemagne préparent une guerre certaine. Ils la rendent tellement certaine, qu'on ne peut s'empêcher de croire qu'ils la souhaitent et qu'ils en ont besoin.

Cette pensée n'aît d'elle-même dans les esprits les moins soupçonneux : on ne veut pas la paix, mais la guerre ; on ne se dispose pas à la paix, mais à la guerre ; on ne cherche pas une garantie de paix, mais une garantie de guerre; des gens qui craindraient surtout l'apaisement et qui tiendraient à conserver, coûte que coûte, le régime militaire, ne s'y prendraient pas autrement.

Quand on pense que le vaincu cherchera avant peu une revanche, on ne se contente pas de l'affaiblir, on l'écrase. Cela seul est logique, c'est le seul moyen de se trouver en mesure le jour où les hostilités, momentanément suspendues, reprendront.

Il existe, qu'on me permette de le dire, une politique plus sûre en même temps que plus généreuse : au lieu de la guerre à outrance provenant de la défiance à outrance, cette politique veut la paix et croit à la paix. Il faut croire à la paix pour la vouloir. Il faut être animé de l'esprit de paix pour conclure une paix véritable. La paix véritable est la seule qui pacifie ; elle ne se borne pas à désarmer les nations, elle désarme les cœurs. L'Allemagne, j'en suis convaincu, poursuit une paix semblable ; malheur à nous et à elle, si, en raison de la guerre qui peut éclater un jour, on l'empêche de terminer pacifiquement la guerre actuelle ! Malheur à nous et à elle, si nous nous arrangeons maintenant pour demeurer en face les uns des autres sur le qui vive, attendant le signal d'une nouvelle rencontre !

Personne ne peut s'y tromper, comme il est une paix qui apaise, il en est une qui irrite profondément. Comme il est un arrangement qui, tout en donnant à la frontière allemande un immense accroissement de sécurité, laisse aux sentiments pacifiques pleine liberté de s'exercer en France, il en est une autre qui ne laisse de place chez nous qu'aux passions violentes, au haines durables, à la soif de vengeance. Autant vaudrait déclarer d'avance cette nouvelle guerre qu'on prédira désormais à coup sûr, et prendre jour pour recommencer dès que la France aura recouvré quelque force et conclu quelques alliances.

Je serai sincère, la crainte manifestée par le comte de Bismarck peut se justifier à première vue. Nous n'avons été que trop querelleurs ; l'Allemagne n'a que trop le droit de se souvenir de nos agressions et de prendre ses précautions pour l'avenir. Les défaites que nous venons de subir ont certainement fait naître dans beaucoup de cœurs un ardent désir de revanche. Tout cela est vrai ; reste à savoir seulement, d'un côté, si une paix modérée ne finirait pas par donner un autre cours au sentiment du peuple français ; d'un autre côté, si, dans l'hypothèse même d'une nouvelle guerre, la paix modérée ne préparerait pas à l'Allemagne une situation dix fois meilleure qu'une paix écrasante.

Je soutiens en premier lieu que la crainte d'une attaque dirigée par la France contre l'Allemagne est beaucoup moins fondée que ne le feraient supposer les émotions actuelles, et que ne paraît le croire le comte de Bismarck.

Le chauvinisme (employons ce mot consacré) a perdu chez nous plus de terrain qu'on ne l'imagine. Nous nous sommes laissés entraîner à la guerre ; mais nous avons aussi résisté à la politique de guerre. Sous les deux monarchies constitutionnelles, cette résistance a prévalu et il ne serait pas juste de l'oublier. L'esprit conservateur et libéral a livré sous le roi Louis-Philippe de rudes batailles à l'esprit chauvin. Parmi nos intelligences éclairées, et aussi dans nos populations rurales les patriotes à la façon de Béranger sont devenus rares et les gens qui rêvent la frontière du Rhin ne font plus la loi, tant s'en faut.

Que ce changement soit encore incomplet, je l'accorde, et certes on est bien forcé d'en convenir lorsqu'on pense à cette déplorable surprise, à ce triste entraînement que la France subissait il y a sept mois. Nous avons subi, nous n'avons pas protesté, nous sommes responsables, je ne le conteste point. Toutefois, une intelligence aussi déliée que celle de M. de Bismarck doit apercevoir, au travers de nos déviations, le large courant des idées modernes qui envahit aujourd'hui la France aussi bien que les autres pays. La résistance même que rencontre aujourd'hui pour la première fois le droit de conquête annonce que le vieux patriotisme a fait son temps, que les agrandissements par la guerre deviennent odieux, que les définitions de la gloire et de la grandeur se modifient, qu'enfin des notions nouvelles prennent possession des esprits.

Ou je me trompe fort, ou la guerre actuelle aura contribué, plus que quoi que ce soit au monde, à cette grande transformation. Elle a enfanté des haines et des soifs de vengeance, d'accord; ajoutons qu'elle a enfanté aussi une horreur profonde et comme un dégoût de la guerre. Pour peu qu'on ne travaille pas à ressusciter l'esprit guerrier tout exprès, en dictant une de ces paix qui ressemble à une provocation, pour peu que l'Allemagne se contente de nous affaiblir et de mettre ses frontières en sûreté, le courant de l'esprit de paix, un moment suspendu, recommencera d'envahir la France.

L'Allemagne y peut beaucoup; il dépend d'elle que nous devenions décidément pacifiques. Une grande et magnifique mission lui est en ce moment offerte. Qu'elle donne le signal et l'exemple du désarmement, qu'elle se tourne du côté de la liberté, qu'elle sache convoquer le congrès de la paix à Berlin, qu'elle prenne l'initiative des progrès auxquels tend le XIXme siècle, aussitôt on verra le mouvement des esprits en France se détourner des projets de revanche pour se tourner vers le vrai relèvement.

En tout cas, c'est une noble chance à courir. Le succès

serait d'autant plus probable que nous aurons forcément le temps de la réflexion. Notre épuisement sera bien grand pendant bien des années; la nécessité de réduire nos dépenses nous permettra bien peu le luxe des préparatifs militaires; les difficultés de nos réorganisations intérieures nous disposeront bien peu à chercher les aventures au dehors. En vérité, l'Allemagne ne rend pas assez justice à ses propres succès, lorsqu'elle se persuade, à l'exemple de son premier ministre, qu'avant peu nous menacerons son territoire. Avec des milliards à payer, avec une transformation militaire à opérer, la France se laissera moins aller aux vélléités guerrières qu'elle ne le faisait jadis, riche, confiante en sa supériorité, certaine de la victoire et disposant d'une armée permanente.

Supposons maintenant que l'appréhension dont parle si souvent M. de Bismarck vienne à se réaliser. Le désir d'une revanche l'a emporté, et la France attaque une fois de plus l'Allemagne. Je soutiens qu'en ce cas même et au point de vue de cette nouvelle guerre, l'Allemagne se serait affaiblie et non fortifiée en dictant la paix écrasante dont on parle.

Elle occuperait quelques positions stratégiques plus avantageuses, mais elle aurait compromis sa position politique. Elle aurait enlevé à la France quelques territoires de plus, mais elle lui aurait donné des alliés dans toute l'Europe.

La fortune de la guerre est changeante, après Rosbach vient Iéna; après Iéna vient Sedan.

Aujourd'hui moins que jamais les prépotences militaires ne seront longtemps supportées. Pour s'être munies à l'avance de trop bonnes positions stratégiques, l'Allemagne pourrait bien perdre la bataille. Je plains ce Prince royal qui déteste la guerre, auquel on prépare avec tant de soin une série de guerres et peut-être de désastres, pour le temps où son front aura ceint la lourde couronne impériale.

Le comte de Bismarck persistera-t-il? déploiera-t-il, à l'égal de M. Gambetta, le drapeau de la guerre à outrance?

S'il le faisait, il aurait pris, reconnaissons-le, le vrai moyen d'avoir raison.

Pour ne pas se tromper en prédisant une guerre nouvelle, rien de tel que de la préparer de ses propres mains.

II

Les hommes d'État de la Prusse peuvent avoir leurs raisons d'agir ainsi : quand on redoute la liberté, tout en lui faisant de profonds saluts, il est assez naturel d'écarter aussi loin que possible cette paix définitive qui donnerait le signal des embarras intérieurs et des exigences libérales. Mais l'Allemagne n'a pas les mêmes motifs de craindre la paix ; elle la souhaite sincèrement et passionnément ; elle n'a combattu qu'afin de la conquérir ; son ambition s'est toujours loyalement bornée à obtenir la sécurité de ses frontières. D'où vient donc qu'elle préfère, à la paix modérée qui durera, la paix écrasante qui ne peut durer !

A cette question on a coutume de faire en son nom une seule réponse : nous sommes décidés, nous sommes unanimes, nous voulons !

On pourrait ajouter : nous sommes les plus forts ! Ce style de vainqueurs, que nous comprenons peut-être mal en notre qualité de vaincus, nous cause toujours une pénible surprise. Nous n'en revenons pas, lorsque nous lisons cette phrase stéréotypée qu'on retrouve dans toutes les correspondances de Berlin : « il est inutile qu'on nous parle de transaction et en particulier de l'Alsace neutre, notre parti est pris : nous voulons l'annexion de l'Alsace et de la Lorraine, nous la voulons tous et nous ne changerons pas. »

Il fut un temps où ce langage eût été parfaitement admis ; je suis le plus fort, je dicte la loi, et si je me trompe à mon détriment, cela me regarde. Mais ce bon temps est passé, nous vivons dans un siècle discuteur et mal élevé qui examine tout, même les volontés hautement signifiées des victorieux. Dans ce misérable XIXme siècle, qui n'a de respect pour personne, il ne suffit pas d'être le plus fort, il n'y a pas de mal à avoir aussi un peu raison. L'Allemagne s'en est aperçue et en a profité lorsque nous avons eu le tort de lui déclarer la guerre; l'Allemagne s'en apercevra et en souffrira si elle a le tort d'exiger une paix telle que de nouvelles guerres doivent en sortir.

L'opinion européenne a l'impertinence de se mêler de la négociation ; elle soutient que tout pays, même vainqueur, a des devoirs envers la civilisation et envers l'Europe. Elle a soif de paix réelle et durable. La trêve rêvée par M. de Bismarck ne lui sourit pas. Elle sait à merveille que la France était partie pour conquérir et ne s'indigne pas beaucoup qu'on veuille lui appliquer le droit de conquête; mais elle s'inquiète de ce petit détail, la tranquillité du monde. Il lui faut une paix qui apaise, une paix qui pacifie, une paix qui désarme, une paix qui nous permette de vivre sans redouter de voir reparaître demain, après-demain, ou le jour suivant, les manifestes de guerre et les bulletins. Tant qu'une paix semblable sera possible, l'opinion européenne demandera compte à l'Allemagne du *veto* qu'elle lui oppose ; il faudra que l'Allemagne dise ses raisons; proclamer ses volontés, ce n'est pas assez.

Mais l'Allemagne a daigné quelquefois dire ses raisons. Mise en demeure de se prononcer sur l'arrangement qui se présente le plus naturellement à l'esprit de tout le monde, sur la création d'une Alsace indépendante et neutre, elle a bien voulu nous faire connaître ses objections à ce projet.

Nous avons appris par le *Times* que le *Moniteur* de Versailles, en le discutant il y a quelques semaines, l'a repoussé en se plaçant au point de vue pratique. Selon l'organe du gouvernement prussien, le nouvel État serait dépourvu de forces et sa neutralité prétendue ne donnerait aucune sécurité à la frontière allemande.

Je ne répondrai pas en citant la note du 8 août 1866, présentée par M. Drouyn de L'Huys à l'empereur Napoléon III. Il proposait, comme on sait, la formation d'une zone neutralisée destinée à assurer la paix en séparant définitivement la France de l'Allemagne. A la vérité, il complétait cette zone aux dépens de l'Allemagne, en y mettant la Prusse rhénane et la Bavière rhénane, tandis que la zone neutralisée qu'on propose aujourd'hui doit se compléter aux dépens de la France, en créant une Alsace indépendante; mais ce n'est pas là sans doute ce qui déplaît à M. de Bismarck.

Selon les défenseurs officieux de sa politique, c'est ne rien faire que de proclamer une neutralité. D'accord, si cette neutralité est séparée de l'indépendance. L'Alsace déclarée neutre et restant française n'offre à la sécurité de l'Allemagne aucune garantie suffisante, j'en conviens. Il en est tout autrement de l'Alsace appelée à vivre de sa propre vie, à prendre possession de sa liberté et à gouverner ses affaires.

On ne se représente pas assez ce que vaut l'indépendance. Dans les petits pays en particulier, le patriotisme local se développe avec une singulière vivacité. J'ai pu juger, par l'accueil que recevait en Alsace la perspective de son indépendance, avant que des conseillers pleins de prudence eussent amorti le mouvement, la vigueur avec laquelle le nouvel État, une fois en possession de lui-même, se ferait respecter à droite et à gauche.

L'Alsace a des traditions de liberté; l'Alsace a des mœurs militaires, par ces côtés elle ressemble à la Suisse. Sa position, sans être aussi forte, offre des moyens réels de défense, et si les Vosges ne sont pas les Alpes, elles ont pourtant leur valeur.

Ce qu'on attend des petits États neutres interposés entre les grands États, ce n'est pas qu'ils puissent résister à ceux-ci, c'est qu'ils aient assez de force pour se défendre, pour donner l'alarme en Europe et pour crier au secours. Plus faible que la Suisse, l'Alsace serait plus forte que le Luxembourg et offrirait à la garantie européenne le terrain dont elle a besoin pour y prendre pied.

La garantie européenne est quelque chose, et j'ai le sentiment que, si l'Europe ne sombre pas dans la crise actuelle, cette garantie acquerra bientôt une très-grande valeur. Voyez déjà ce qui s'est passé pour le Luxembourg : la note du comte de Bismarck était évidemment un ballon d'essai ; il tâtait l'opinion publique, il mettait en demeure la garantie européenne. Hé bien! il a fallu reculer, la menace s'est transformée en un avertissement presque amical. Il n'est pas si facile de toucher aux neutres.

De tous les neutres, l'Alsace serait le mieux gardé. Si la Belgique est forte parce qu'une grande puissance s'intéresse à elle, que dirons-nous de l'Alsace à laquelle toutes les grandes puissances s'intéresseront.

Notez d'ailleurs que, la zone des neutralités une fois complétée, la solidarité et en quelque sorte l'alliance des neutres naîtront d'elles-mêmes. Unis entre eux par un intérêt commun et sans qu'il soit besoin de traiter, sentant bien que leur cause est identique, puisant tous une force nouvelle dans l'institution de la zone neutralisée, ils formeront en réalité une grande puissance, et la plus respectée, et la plus inattaquable de toutes, car le premier pays qui essayerait d'y pénétrer, que ce fût la France ou l'Allemagne, mettrait en péril la paix du monde et soulèverait une tempête d'indignation.

Un journal de Berlin me reprochait l'autre jour de n'offrir à l'Allemagne qu'une satisfaction idéale.

Ce dédain de l'idéal peut sembler étrange dans la patrie de l'idéalisme transcendantal. Quant à moi, je me contenterai de faire remarquer que la satisfaction offerte est parfaitement palpable et matérielle. Elle l'est tellement que beaucoup de Français se révoltent à la pensée d'un si énorme sacrifice. C'est au reste le sort de toute transaction d'être trouvée beaucoup trop large par ceux qui donnent et beaucoup trop étroite par ceux qui reçoivent. Aux yeux de ceux-ci, toute concession qui reste en deçà de leurs exigences paraît illusoire, et pour employer le langage de mon contradicteur, idéal.

J'aurais bien envie de lui dire qu'un profit idéal, à supposer qu'il n'y eût que celui-là, ne serait point à mépriser. L'Allemagne n'aurait-elle rien gagné si, tout en rasant nos forteresses, en nous ôtant une grande province et en plaçant un pays neutre devant ses frontières, elle répondait d'un seul coup à toutes les accusations dirigées contre elle? Personne n'oserait plus parler ni de son ambition ni de son esprit de conquête. On la verrait, fidèle à sa parole, borner les fruits de la guerre à la conquête de la paix. Et en conquérant la paix, elle conquerrait l'influence ; or l'influence ainsi obtenue et consacrée par l'opinion européenne, ne serait pas, je le suppose, une satisfaction exclusivement idéale.

J'ai répondu d'avance à une autre objection ou plutôt à une autre forme de la même objection que nous rencontrons partout. L'Alsace deviendra française !

C'est une étrange manière de prévenir un tel danger que d'annoncer et de préparer la guerre à courte échéance, de dire à la France, et aussi à l'Alsace : Ceci est provisoire ; tout se décidera dans la nouvelle lutte dont nul ne peut prévoir encore les conditions et les proportions !

Il n'y a qu'un moyen, selon moi, d'échapper à l'éventualité dont l'Allemagne se préoccupe : il faut entrer dans le définitif ; il faut conclure une paix qui soit une paix, et non une trêve. Ainsi l'Alsace aura le temps de prendre possession d'elle-même et de s'habituer à son indépendance. Le temps est un grand maître, et malheur à nous tous si nous prétendons nous en passer ! Avec le temps, les excitations se calment, les situations se fixent, les directions nouvelles se prennent. Laissez passer dix années seulement, et l'Alsace indépendante aimera son indépendance, et l'Alsace heureuse aimera son bonheur. Je ne dis pas qu'elle en jouira en égoïste et qu'elle se félicitera d'échapper aux misères de plus d'un genre qui nous attendent évidemment ; je dis qu'elle aimera sa liberté sans cesser d'aimer la France. N'est-ce rien que de rester sur sa frontière, sentinelle vigilante, protégeant par le fait les départements de l'Est ! Puisque l'Allemagne est devenue la grande puissance militaire, l'Alsace libre ne sera pas inutile à la France, en empêchant toute attaque allemande contre une région désormais privée de forteresses.

Dirai-je toute ma pensée ? Loin de craindre que l'Alsace neutre manque de consistance, les chefs politiques de l'Allemagne craignent peut-être qu'elle n'en ait trop ; cette neutralité trop réelle les offusque d'avance. N'avons-nous pas vu combien le Luxembourg les gênait ? Une zone complète de neutralité, une barrière ininterrompue, ce serait bien plus gênant encore, et la politique allemande de guerre à outrance s'en accommoderait assez mal.

Je ne sais, en vérité, si je dois m'arrêter à une dernière objection dont on a fait grand bruit et qui n'en est pas plus sérieuse pour cela. — La création d'une république aux bords du Rhin inquiéterait l'Empire allemand !

Je doute fort que le comte de Bismarck s'en inquiète. Il n'est pas homme à se laisser duper par les mots. Le mot de république peut signifier anarchie et propagande révolutionnaire ; il peut signifier liberté paisible et respect du droit. Les petites républiques en particulier ont volontiers ce caractère, et la Suisse est un voisin plus tranquille que ne l'ont été depuis quelque temps la plupart des monarchies. Avoir sur sa frontière une autre république bien ordonnée, ce ne serait pas un motif d'inquiétude, mais un motif de sécurité.

L'Alsace n'en serait pas à ses débuts, et sans parler de Strasbourg, les honnêtes traditions de la république de Mulhouse se sont conservées jusque vers la fin du siècle dernier.

La petite république, dit-on, sera facilement absorbée par la grande ! Ceux qui affectent de redouter cela ne sont pas les derniers à prédire que les jours de la grande République sont comptés. Durera-t-elle ? Je n'en sais rien. Mais ce que je sais, c'est qu'elle ne durera qu'à la condition d'être libérale, décentralisée, ménagère des deniers publics, vouée à la politique de paix, et par conséquent décidée à n'absorber aucun de ses voisins. La république qui peut durer chez nous sera celle qui aimera et respectera sa jeune sœur, la République d'Alsace.

III

La politique de guerre à outrance est en train de ruiner deux grands pays. L'œuvre est plus avancée en France, mais elle se prépare en Allemagne, et le même arbre portera les mêmes fruits à l'Orient et à l'Occident du Rhin.

Je laisse de côté les ruines matérielles, bien que les symptômes d'épuisement se manifestent partout. Néanmoins, nos misères françaises dépassent de loin les misères allemandes.

Cela est vrai aujourd'hui, cela sera-t-il vrai demain? La politique allemande de guerre à outrance n'est encore qu'à l'état de projet; si elle se réalise, ses conséquences ne tarderont pas à se produire. Il y a déjà en Alsace des hommes prévoyants qui, dans leur haine de l'Allemagne, font des vœux pour l'annexion, parce que l'annexion leur représente la guerre, et parce que la guerre leur permet d'espérer des complications européennes au sein desquelles pourra bien sombrer la fortune naissante de l'Allemagne. Celle-ci se détourne avec dédain lorsque nous lui parlons de l'Alsace neutre; elle nous déclare qu'elle ne se contentera pas de si peu. C'est dans le système de la conquête qu'elle se contentera de peu. On n'aura jamais été plus modeste; on n'aura jamais refusé aussi légèrement un grand rôle et une magnifique mission.

Sous prétexte d'assurer la sécurité de l'avenir, on aura entraîné l'Allemagne à sacrifier cette sécurité. Elle pourrait faire une noble paix, briser l'instrument des attaques futures, maintenir ou rétablir sa bonne renommée, se placer en tête du progrès européen, saisir la vraie influence et la grande direction, garantir la tranquillité de l'Europe, organiser sa puissante unité, échapper au militarisme et parvenir au libéralisme, cesser d'être la Prusse et devenir l'Allemagne. Ceux qui l'empêchent de marcher vers cet avenir savent ce qu'ils font: il leur faut le mal de la guerre pour empêcher le mal de la liberté.

Que l'Allemagne ne vienne pas se plaindre un jour, lorsque la politique de guerre à outrance aura produit chez elle les résultats amers qu'elle produit chez nous! Que les Allemands amis de la paix ne se plaignent pas alors de voir cette paix désirée reculer sans cesse devant eux! Que les Allemands amis de la liberté ne se plaignent pas alors de voir la liberté incessamment remplacée par l'état de siége! Que les Allemands amis de la grandeur nationale ne se plaignent pas alors de voir cette grandeur s'écrouler sous quelque coalition européenne! Que les Allemands amis des lumières ne se plaignent pas alors de voir la pensée s'effacer devant la force!

C'est à l'opinion que je m'adresse en Allemagne, et c'est au nom de l'opinion que je lui parle. Ce débat-ci ne passe point par les chancelleries! nous sommes dans la région des idées, nous discutons des questions de justice et de vérité!

Je sais bien qu'à certaines heures ces mots, justice et vérité, semblent n'avoir plus de sens; on ne parle que de la force et de la victoire. Mais qu'on y prenne garde, la force est bien faible en définitive quand elle demeure seule. Il lui faut un allié, l'opinion, je veux dire la conscience publique.

L'Allemagne aurait grand tort de dédaigner l'opinion. Dans ce dédain il y aurait beaucoup d'ingratitude. L'opinion a été son meilleur appui dans la guerre actuelle; sans cette artillerie-là, elle n'aurait pas triomphé.

Or l'opinion lui donne aujourd'hui même un avertissement dont elle fera sagement de profiter. D'un bout à l'autre de l'Europe le langage des journaux est devenu hostile, et ce langage exprime avec exactitude le sentiment des populations. Ce qu'on pense, le voici:

On pense que l'Allemagne a été injustement attaquée, qu'elle a bien fait de se défendre; qu'en répondant à une invasion projetée par une invasion effectuée, elle a usé de son droit; qu'en continuant la guerre lorsqu'on ne lui offrait rien de sérieux, elle a agi comme tout autre peuple eût agi à sa place. Mais, à l'heure qu'il est, on s'inquiète et l'on s'irrite; on croit voir se déployer chez elle le drapeau de la guerre à outrance; on craint de la voir entraînée à repousser les offres sérieuses, comme elle a repoussé les offres dérisoires.

L'opinion de l'Europe veut la paix; elle la veut absolument. A ses yeux l'armistice est une promesse de paix; maintenant que le sang a cessé de couler, elle n'admet pas qu'il puisse couler de nouveau. Si l'armistice n'aboutit point à la paix, la guerre recommencée fera l'effet d'une guerre nouvelle. Qui que ce soit, France ou Allemagne, celui des deux peuples qui aura refusé de traiter, celui des deux qui aura repoussé une transaction honorable, celui-là aura déclaré la guerre, la guerre impie, la guerre impardonnable, la guerre de 1871.

Ce jour-là, lorsque cette immense déception sera certaine, lorsqu'on verra que l'armistice ne conduit pas à la paix, si toute concession a été refusée par l'Allemagne, si elle a rejeté tout moyen terme pacifique proposé par les médiateurs, le cri de l'indignation universelle montera de la terre. Plus tard, à son heure, le châtiment descendra du ciel.

LA POLITIQUE DE LA PAIX

I

Je n'aurai pas la fatuité de dire : La politique de paix, c'est la mienne. Si j'avais inventé quelque chose, si la République neutre d'Alsace n'était pas une de ces solutions naturelles et simples, auxquelles tout le monde pense et que personne ne découvre, je ne me méprendrais pas assez sur mon rôle pour me poser en sauveur de la paix.

Mais on n'invente rien en politique. Les solutions ingénieuses sont toujours des solutions absurdes; elles valent tout juste ce que valent les constitutions ingénieuses, les chefs-d'œuvre de mécanique constitutionnelle soigneusement construits et mis en équilibre par un Sieyes. Il n'y a de viable que ce qui ressort aisément des faits, ce qui se voit d'emblée, sans aucun effort de génie; ce qui saute aux yeux en quelque sorte, ce que personne par conséquent n'a pu inventer.

Tel est le caractère du projet que j'ai exposé et que je viens de défendre aujourd'hui avec une conviction qui n'a fait que s'affermir. Il a un mérite qui peut tenir lieu de beaucoup d'autres : il est seul au monde, et en dehors de lui nous retombons forcément dans la guerre à outrance allemande ou française, allemande et française peut-être. L'Alsace indépendante et neutre marque la limite exacte en deçà de laquelle l'Allemagne n'obtient pas la sécurité de ses frontières, au delà de laquelle le traité de paix sera accepté par la France qu'en attendant le jour où elle se verra en mesure de le rompre. Dépassez cette limite, vous arrivez à l'écrasement; n'atteignez pas cette limite, vous refusez aux Allemands un avantage proportionné à leurs sacrifices et à leurs succès.

Il est facile de bâcler des traités de paix, et les combinaisons varient à l'infini; reste à savoir si l'on en trouvera une, je dis une, qui remplisse comme celle-ci la double condition d'une paix réelle : suppression des forces agressives de la France sur le Rhin, suppression de toute application du droit de conquête. Il existe deux politiques de guerre, il n'existe qu'une politique de paix. Je me suis attaché à étudier loyalement les projets d'arrangement qui ont surgi de divers côtés; aucun, je le déclare, ne remplit cette double condition que j'indiquais tout à l'heure.

On parle de borner nos conditions au rasement des forteresses et à l'indemnité de guerre. L'Allemagne est en droit de nous demander si, dans sa situation, nous prendrions de telles offres au sérieux. Elle n'a pas besoin de notre consentement pour raser nos forteresses, qui sont dans ses mains; le seul avantage que nous lui accorderions en traitant sur cette base, et cet avantage a bien son prix sans doute, c'est l'engagement de ne pas bâtir dans la zone fixée par le traité. Nous aurions beau ajouter à cela une montagne de billets de banque, cela ne saurait évidemment suffire dans la situation où la politique de guerre à outrance nous a mis.

On a parlé aussi de neutraliser l'Alsace en la laissant française. Mais qui donc a pu croire au succès possible d'une telle proposition! Quelle garantie donne-t-elle à l'Allemagne? C'est, au fond, la reproduction pure et simple du projet précédent. Nous n'accordons quoi que ce soit en dehors du rasement des forteresses. L'Alsace, gouvernée par la France, a beau ne pas recevoir sur son sol des troupes françaises, il est clair qu'elle en sera inondée au premier signe de guerre; il n'y aura, pour empêcher ce fait, ni l'existence d'un peuple libre, jaloux de son indépenpendance et responsable de ses actes, ni l'existence d'une zone neutralisée, sur laquelle veille l'Europe comme sur une de ces institutions les plus précieuses et sur sa meilleure garantie de paix.

Faut-il parler d'un autre projet, beaucoup trop habile pour réussir et qui ne tendrait à rien moins, dit-on, qu'à nous donner la Belgique en compensation de l'Alsace ! J'avoue, en ce qui me concerne, qu'autant je suis disposé à faire un très-grand sacrifice en acceptant l'indépendance de l'Alsace, autant je me révolte contre la pensée de trafiquer aux dépens de nos compatriotes alsaciens et de les livrer à l'Allemagne, pourvu qu'on nous fournisse un équivalent. Le droit de conquête est brutal, le droit d'échange et de vente est ignoble. L'opération s'accomplirait en conférant au roi des Belges la couronne de France ; le roi des Belges nous apporterait la Belgique ; celle-ci se laisserait faire ; l'Angleterre se résignerait à voir aux mains de la France Anvers et les bouches de l'Escaut ; enfin le comte de Bismarck trouverait bon que les victoires allemandes eussent pour résultat l'agrandissement de la France ! Cela ne supportera pas l'examen. D'autres combinaisons paraissent avoir vu le jour, les unes à Londres, les autres à Vienne. Et afin d'éviter l'annexion de l'Alsace et de la Lorraine, on n'a rien trouvé de mieux que d'arranger d'autres annexions et de se procurer un peu partout la monnaie des deux provinces. On n'eût pas mieux fait au bon temps du congrès de Vienne, quand on remaniait si lestement les territoires, rognant ici, ajoutant là, enlevant deux cent mille âmes à tel prince, adjugeant cinq cent mille âmes à tel autre. L'Allemagne ne prendra plus l'Alsace entière, elle n'en gardera qu'un morceau. On la consolera en lui abandonnant le Luxembourg. Loin de fonder une neutralité nouvelle, on immolera une des neutralités existantes. Loin de fermer la porte des guerres, on s'attachera ingénieusement à l'élargir. On sacrifiera aujourd'hui, et l'on s'apercevra en fin de compte qu'aujourd'hui n'est pas mieux sauvé que demain. On ne résistera pas au droit de conquête, en le pratiquant à moitié. Il faut une solution libérale pour exclure la solution féodale.

J'ai d'ailleurs une remarque à faire sur tous ces projets sans exception : leur prétention commune est de nous préserver presqu'entièrement des sacrifices que nous impose notre situation ; or il est dangereux en général, et très-dangereux vis-à-vis d'un adversaire aussi clairvoyant que M. de Bismarck, de ruser avec une situation. La grande habileté politique, c'est de voir les situations telles qu'elles sont et d'en accepter nettement les conséquences. Sachons faire la part du feu et ne nous figurons pas que nous sortirons d'une telle guerre sans subir un amoindrissement. Si nous refusons de nous résigner à l'Alsace neutre, nous verrons l'Alsace conquise ; si nous n'offrons rien, on nous prendra tout.

Pour tenir un pareil langage, il faut être convaincu, comme je le suis, de la vanité des espérances dont on ose encore nous bercer. Dès le lendemain de Sedan, j'ai senti que la question militaire était vidée, nous avions succombé ; ce n'est point une honte, et d'autres nations glorieuses ont passé par là.

Il ne s'agit pas de faire la grosse voix, de s'indigner contre les Français assez mauvais patriotes pour proposer une transaction ; il ne s'agit pas de nous démontrer, à grand renfort de phrases sonores, que nous devons souhaiter très-vivement la conservation de l'Alsace. Sur ce point-là nous sommes tous d'accord, je suppose, et les longs raisonnements sont hors de saison.

Il vaut mieux garder l'Alsace que de la perdre, et l'Alsace aime mieux rester avec la France que de s'en séparer ; la belle découverte ! Il y a eu aussi des blessés dans nos ambulances qui aimaient mieux conserver leur bras que de le perdre, et qui pour sauver leur vie ont dû subir l'amputation. La seule question sérieuse a été, est celle-ci : L'amputation est-elle nécessaire ?

Un de mes contradicteurs les plus habiles, M. Paul Marin, dans sa lettre écrite de Bulle et insérée dans le *Journal de Genève*, l'a parfaitement compris et cathégoriquement déclaré. Voici ses propres paroles :

« Et cependant, Monsieur, vous avez raison de dire que ce ne serait pas pour nous, si l'Alsace doit cesser d'être française, une mince consolation de n'être pas faits Prussiens. Le jour où il n'y aurait plus qu'à opter, vous me trouveriez aussi ardent à souhaiter le succès de vos vœux que vous-même, ou que je puis l'être aujourd'hui à les repousser encore. Vous voyez ce jour venu, je me flatte qu'il ne doit jamais venir ; voilà, Monsieur, toute la différence entre nous. »

Quelques personnes se sont étonnées de ce que je n'opposais aucune réponse à une telle critique. Ne pas répondre, c'était me placer précisément sur le terrain indiqué par M. Marin, sur le terrain des faits. Les faits seuls pouvaient décider entre nous ; il convenait de les charger de répondre, et je n'étais que trop sûr, hélas, qu'ils s'en acquitteraient.

Le système entier de la guerre à outrance a toujours reposé sur une supposition : on admettait qu'elle pouvait réussir. Otez cette pierre angulaire, et tout s'écroule. Pour demander à la France tant de sacrifices, pour rejeter les occasions de la consulter, pour repousser celles de négocier la paix et de rallier l'opinion européenne à une douloureuse mais honorable transaction, il fallait avoir foi au triomphe définitif.

Force est d'admettre, puisque cela est, que bien des gens y ont réellement cru. Quand nous n'avions plus d'armées, on a réellement cru que les levées en masse pourraient en tenir lieu. A force de succès fantastiques, de promesses enthousiastes et de proclamations à effet, nous sommes parvenus à nous tromper nous-mêmes. Il est possible que ces illusions aient un côté respectable, bien que la vérité vaille toujours mieux que l'illusion et bien que les mœurs viriles ne se forment que sous le régime de la vérité. Mais je me permettrai de faire une remarque. Un peu d'instinct politique n'est pas de trop lorsqu'on se mêle de diriger les destinées d'un grand peuple; en pareil cas il ne suffit pas de voir, il faut voir à temps, c'est-à-dire prévoir.

La politique de la guerre à outrance n'a rien prévu, ou si vous aimez mieux, elle a prévu le contraire de ce qui est arrivé, de ce qui devait arriver. On peut dire qu'en France cette erreur capitale et fatale s'explique par une sorte de détermination volontaire; on a cru ce qu'on voulait croire, on s'est trompé parce qu'on voulait se tromper; il nous en coûtait trop de nous reconnaître vaincus. Je m'explique moins bien les encouragements donnés du dehors à la guerre à outrance et les promesses de victoire que des publicistes étrangers lui ont prodiguées, nous détournant ainsi de négocier en temps utile.

L'amour a, dit-on, un bandeau; la haine en a deux. Sous l'empire des passions haineuses qui ne leur laissent plus la faculté de réfléchir, certains hommes n'ont cessé depuis cinq mois de travailler pour l'ennemi. Ils ont si bien repoussé la paix modérée, qu'ils nous mènent à la paix écrasante; ils nous ont reproché à si grands cris de proposer l'Alsace neutre, qu'ils ont préparé peut-être l'Alsace conquise. M. de Bismarck doit les bénir.

L'Alsace a eu des patriotes *intelligents* qui, lorsque l'opinion alsacienne allait se prononcer en faveur de la neutralité, lorsque M. Charles Dollfus donnait le signal, se sont hâtés d'arrêter le mouvement et d'empêcher une manifestation qui aurait eu un poids considérable aux yeux de l'Europe.

La France a eu des patriotes *intelligents* qui, lorsque nos armées étaient anéanties, se sont plu à imaginer que les levées en masse en tiendraient lieu, qu'en appelant les hommes de trente ans, de trente-cinq ou de quarante, qu'en additionnant les cent mille hommes sur le papier, nous mettrions les Allemands dans un très-grand embarras. L'Allemagne doit beaucoup à ces patriotes. Ils ont bravement injurié ceux qui protestaient contre la déclaration de guerre, et la guerre qu'ils ont acclamée vient d'achever l'unité allemande, d'unir le Sud au Nord et de fonder le nouvel empire. Ils n'ont pas voulu qu'on offrît le rasement des forteresses après Sedan, et l'Allemagne leur doit la prise de Metz. Elle leur doit bien autre chose: en empêchant toute négociation, en déclarant suspecte toute idée de transaction, ils ont préparé la capitulation de Paris.

Pour peu qu'ils continuent à déployer la même intelligence politique, l'espérance d'une Alsace neutre achèvera de disparaître; ils nous feront une Alsace allemande, et une Lorraine allemande par dessus le marché.

Nos forteresses resteront debout, mais aux mains de la Prusse; le comte de Moltke mettra garnison dans Strasbourg, dans Metz, dans Belfort, et dans toutes les places des Vosges. Le quadrilatère ne sera pas supprimé, mais occupé par l'ennemi.

Je respecte ce qu'il y a de sincère dans ce patriotisme égaré qui vient de faire tant de mal au pays; je déteste ce qu'il y a de déclamatoire. Depuis qu'on nous fait tant de mal avec les phrases, l'horreur des phrases me saisit. Je ne puis dire quel dégoût m'inspire ce genre théâtral, qui pose toujours pour la postérité, qui est toujours en scène, qui pense à l'effet, qui se consolerait, Dieu me pardonne, des calamités du pays, par cette seule pensée que l'univers nous contemple et nous admire. La France possède assez de vigueur réelle, elle a assez fait ses preuves depuis longtemps pour avoir le droit de se détourner avec dédain de cette postérité du capitaine Fracasse qui fait tant de bruit et si peu de besogne. Il est très-facile de grossir sa voix, de déclarer la France invincible ou Paris imprenable; il est très-facile de dénoncer comme traîtres, et qui sait? comme lâches, les hommes qui, après avoir combattu la guerre en juillet, ont combattu la prolongation de la guerre depuis septembre. Cela est plus facile que de résister aux courants.

Des adversaires ou des partisans de la guerre à outrance, je sais bien lesquels sont le plus agréables à M. de Bismarck. Il est fort peu irrité, soyez-en certain, contre ceux qui ont fait ses affaires, tantôt en criant : à Berlin! tantôt en proclamant la victoire par la défaite. Ceux qui lui déplaisent, ce sont les hommes qui aiment assez la France pour lui dire la vérité, qui demandent que la paix soit prompte afin qu'elle puisse être modérée, qui veulent qu'on fasse une offre sérieuse et que l'on consente à un sacrifice considérable, afin d'écarter l'application du droit de conquête, qui cherchent à placer aux mains des puissances médiatrices un projet de transaction propre à fonder une paix durable.

M. de Bismarck, s'il est tel qu'on le suppose, doit faire des vœux incessants en faveur de ceux qui parlent à tout propos de leur rage patriotique, et qu'on me permettra bien en conséquence d'appeler nos enragés. Au reste, les enragés d'Allemagne s'entendent à merveille avec eux. Pour les uns et pour les autres, le grand ennemi c'est une idée modérée, quelle qu'elle soit : « Plutôt l'Alsace allemande qu'indépendante, » disent les uns, espérant selon l'usage, que le bien sortira de l'excès du mal. Plutôt l'Alsace française qu'indépendante, » répliquent les autres. Pour eux, comme je l'ai déjà rappelé, leur siége est fait : l'annexion des deux provinces est chose arrêtée ; ils ont toujours voulu cela, ils le voudront toujours. Peut-être n'ont-ils pas l'ombre d'un motif raisonnable à faire valoir, mais cela ne regarde personne. Si l'Europe inquiète essayait de peser leurs prétentions, ils jetteraient leur lourde épée dans l'un des plateaux de la balance ; le glaive de Brennus est dans leurs mains.

Quant à moi, dussé-je être presque seul à lutter pour l'Alsace indépendante contre l'Alsace conquise, ainsi que j'ai été presque seul à lutter contre une criminelle déclaration de guerre, je me féliciterai d'avoir pu donner encore cette preuve de mon dévouement à la France. Mais je ne serai pas seul, Dieu merci.

II

On m'a supposé plus d'illusions que je n'en ai eu. J'ai su, dès le premier jour, et j'ai dit, en écrivant la *République neutre d'Alsace*, que cette transaction aurait le sort de toutes les transactions, qu'elle serait au début repoussée par tout le monde. Les choses se sont exactement passées comme je l'avais prévu, et si j'ai été trompé, c'est plutôt en bien.

L'Allemagne, marchant avec cette discipline qui convient mieux à une armée qu'à une nation, a refusé d'écouter, je m'y attendais ; elle ne changera pas, tant que le mot d'ordre n'aura pas été changé à Versailles.

Quant à la France et à l'Alsace, leurs dispositions ne sont un mystère pour personne : S'il faut que nous nous séparions de compatriotes dévoués, si la question de fait est résolue, si la guerre est finie, l'immense majorité chez nous se prononcera pour la république neutre d'Alsace. Nous demanderons aux puissances médiatrices d'agir avec fermeté dans ce sens, et l'opinion n'est pas éloignée en Angleterre de se rallier à une semblable transaction.

Si l'on doute des sentiments de l'Alsace, qu'on la consulte. Un de ses citoyens publiait, dès le mois d'octobre, une histoire remarquable du bombardement de Strasbourg avec cette épigraphe significative : *Français ne puis*, *Prussien ne daigne*, *Strasbourgeois suis.*

Laissez-moi citer un autre témoignage. Le *Times* publiait après la prise de Phalsbourg une lettre dans laquelle son correspondant racontait l'entretien qu'il venait d'avoir avec l'auteur du *Conscrit*, M. Erkmann : « Je mentionnai la proposition faite par M. de Gasparin pour la neutralisation de l'Alsace et de la Lorraine germanique, exprimant mes craintes que, si cette proposition était acceptée, elle ne fût rendue impossible par la propagande active et l'agitation que la France maintiendrait dans ces deux provinces. — C'est possible, probable, dit M. Erkmann : il y a de grandes difficultés, mais il y a aussi des avantages. Notre pauvre Alsace, qui a été depuis des siècles le champ de bataille des Teutons et des Gaulois, en bénéficierait. A peine un siècle, une génération se sont-ils passés, sans qu'elle ait vu des villes bombardées, des villages pillés et dévastés par cette misérable lutte, dans laquelle elle n'a eu ni voix au chapitre, ni liberté de choix. »

Je ne puis tout citer. M. Erkmann croit fermement à la possibilité de créer un pays neutre, très-indépendant et très-respecté.

Réussirons-nous? Ceci est une tout autre question. Ne confondons pas les questions de succès et les questions de devoir. Presque toujours ce qui est bon est déclaré impossible. Lisez l'histoire, il n'y a jamais que l'impossible qui ait valu la peine d'être voulu avec passion; je dis plus, il n'y a que l'impossible qui ait réussi. Quoi de plus impossible que la conquête du monde romain par l'Évangile? Quoi de plus impossible que l'établissement de la liberté religieuse en Europe? Wilberforce aussi poursuivait l'impossible, lorsqu'il demandait l'abolition de la traite. Les adversaires de l'esclavage américain étaient des rêveurs, à la recherche de l'impossible.

Aussi n'ai-je garde de me décourager parce qu'on déclare l'Alsace neutre impossible. Succès à part, il importe que ce qui est bon se montre au grand jour. L'Alsace neutre, s'il le faut, attendra son heure.

III

Nous nous y prenons un peu tard, je ne l'ignore pas, et si l'on avait daigné consulter la France plus tôt, l'assemblée élue par elle aurait pu agir avec de tout autres chances. Cela est triste à dire. Nos représentants convoqués à Bordeaux vont avoir à opérer une liquidation désastreuse, et les beaux résultats de la politique de guerre à outrance pèseront sur eux de tout leur poids. Mais plus leur tâche sera pénible, plus ils auront besoin d'être soutenus par nos sympathies.

La négociation de la paix prend, au reste, entre les mains d'une assemblée, un caractère de dignité qu'elle ne saurait avoir dans la même mesure aux mains d'un gouvernement. Une assemblée ne demande pas la paix, elle fait connaître les conditions que le pays est décidé à souscrire. Elle formule publiquement le programme français; elle le confie à l'intervention des puissances médiatrices.

Le rôle de celles-ci va commencer. Soyons justes, jusqu'à présent il ne leur a pas été très-facile d'agir, et je trouve qu'on a été un peu sévère envers elles. A part le premier moment, où leur blâme nettement exprimé aurait peut-être arrêté Napoléon III, je ne vois pas trop ce qu'elles auraient été en mesure de faire, notre politique de guerre à outrance leur refusant le point d'appui dont elles avaient besoin. En vérité, c'eût été trop exiger que de leur demander, soit de proposer des termes de paix quand la France n'en admettait aucun, soit de prendre les armes et de se mêler à la lutte.

Maintenant, si le vote de notre Assemblée nationale vient leur fournir un terrain solide, si la France les met à même d'offrir en son nom un très-grand sacrifice, un changement énorme dans les situations réciproques aux bords du Rhin, les médiateurs pourront agir.

Ce sera un moment unique, une occasion à saisir avec énergie et décision, il faut prendre l'occasion aux cheveux dès qu'elle arrive; elle est chauve par derrière, comme chacun sait. Passé ce moment, ce court moment laissé aux médiateurs, tout sera perdu : la guerre recommencera, ou la paix écrasante se fera.

Je n'ai pas à dire lequel de ces deux malheurs sera le plus grand; je dis que dans l'un et l'autre cas, les médiateurs auront assumé une responsabilité effrayante, pour peu qu'on puisse accuser leur négligence et leur faiblesse. Il dépend d'eux d'être très-forts à l'heure qu'il est : il y a un bruit de paix dans l'air; il y a un prodigieux besoin de paix dans les cœurs; il y a une fatigue, je me trompe, une horreur et un dégoût de la guerre; il y a un pressentiment presque universel des calamités, des tueries nouvelles, des héritages de haine, des débordements d'ambition, des prépotences et des servitudes que préparerait la paix écrasante, celle qu'on formule à Berlin, M. de Bismarck nous en a lui-même averti, non comme une paix, mais comme un moyen de mieux commencer la prochaine campagne.

Si les médiateurs ne sont pas appelés à combattre, ils sont appelés à parler haut et ferme. Une médiation pusillanime, qui craindrait de se compromettre, soulèverait aujourd'hui un sentiment d'indignation. L'Europe a le droit de compter sur une médiation qui sera quelque chose, qui proclamera ce qui lui paraîtra juste, qui fera appel à l'opinion, qui ne s'enfermera pas dans une prudence égoïste, sous prétexte qu'elle redoute un échec.

J'ai parlé d'un échec, il faut tout prévoir par le temps qui court.

N'avons-nous pas vu les organes de la Prusse poser cet axiome, un peu étrange en droit public : Nous avons été seuls dans la guerre, nous voulons être seuls dans la négociation de la paix!

Seuls dans la guerre ! Fallait-il donc que d'autres puissances y prissent part ? Pour être médiateur est-il nécessaire d'avoir été belligérant ? C'est le renversement de toutes les notions reçues ; c'est le refus catégorique de toute médiation ; c'est la négation de tout concert européen. Disons mieux, c'est la négation de l'Europe elle-même ; s'il n'y a plus de médiation, il n'y a plus d'Europe. Il ne reste qu'un vainqueur hautain, qui n'a point de comptes a rendre, qui a signifié sa volonté, qui s'y tient, et qui fera durer ce régime de l'entêtement superbe et de la force indiscutable aussi longtemps que durent d'ordinaire ces régimes-là.

Espérons qu'il n'en sera point ainsi ; mais en fût-il ainsi, le devoir des médiateurs resterait le même.

Ils n'auraient certes pas fait un acte inutile, quand les termes d'une honorable transaction auraient été fermement indiqués par eux, quand l'adhésion de l'Alsace, quand la résignation de la France, quand l'appui chaleureux de l'opinion européenne auraient donné son vrai caractère au refus du gouvernement allemand.

Peut-être celui-ci y pensera-t-il à deux fois avant de mettre au défi les grandes puissances. On a beau être très-vainqueur et très-entêté, on n'aime pas mettre tout le monde contre soi. La guerre implacable se comprenait quand la France n'offrait aucune concession réelle ; la paix implacable se comprendra moins si la France offre une concession considérable, jugée suffisante par les médiateurs, assurant à la fois l'inviolabilité des frontières allemandes et la tranquillité générale du monde.

Rejeter tout cela, ce n'est pas commode. Et qui sait même si notre Assemblée nationale, adoptant une ligne de conduite qui a déjà été indiquée, ne remettra pas purement et simplement un blanc-seing à l'Angleterre et aux autres puissances médiatrices, et si elle ne se déclarera pas prête à accepter d'avance le moyen terme qu'elles trouveront juste de fixer ?

Il est possible toutefois, je le répète, que l'Allemagne écarte brutalement toute intervention et nous mette en demeure de répondre par un oui ou par un non immédiat à ses conditions immuables, ajoutant qu'en cas d'ajournement ou de refus elle recommencera cette guerre devenue impossible pour nous, et nous menaçant, par surcroit, d'organiser une restauration impériale. Ce qui est possible aussi, c'est que nous cédions à cette double menace. Démoralisée comme elle l'est, la France est capable de passer d'un extrême à l'autre, de tout accepter aujourd'hui comme elle a tout refusé hier, de quitter la guerre à outrance pour entrer sans transition dans la résignation absolue, de signer le traité dicté par M. de Bismarck, l'Alsace et Metz, et je ne sais combien de milliards, après avoir repoussé l'autre jour avec indignation l'idée d'une neutralité alsacienne.

Si cette paix-là se fait, elle sera bien l'œuvre des deux politiques de guerre à outrance, de l'allemande et de la nôtre, et la nôtre n'y aura pas moins travaillé. Mais cette paix-là sera effrayante, car elle ne produira pas un atome d'apaisement. Nous pourrons faire alors comme M. de Bismarck et nous préparer à la prochaine campagne.

L'épuisement financier de la France, qui aurait été une garantie avec la paix modérée, ne sera avec la paix écrasante qu'une cause nouvelle de convulsion et de désespoir. Les désespérés sont dangereux, et l'échec de la médiation laissera assez d'irritation en Europe pour qu'on puisse annoncer à coup sûr une épouvantable explosion. Lorsqu'on a entassé les poudres quelque part et lorsqu'on y jette des torches enflammées, il n'est pas difficile de dire ce qui arrivera.

Que la guerre recommence après l'armistice ou qu'elle recommence un peu plus tard, après une trêve fiévreuse, décorée du nom de paix, nous n'en serons pas moins à l'entrée des longs jours funèbres. On n'aura pas voulu la vraie prix; on aura le bouleversement universel.

Qui peut dire ce qui sortira de ce nouveau conflit si soigneusement préparé? Que sera la carte de l'Europe dans dix ans, dans vingt ans? Que deviendra l'unité allemande? Quelles puissances auront grandi et quelles puissances auront sombré? Quel obscurcissement se sera produit sur notre Europe? Quel recul de la civilisation aurons-nous subi? En tout cas, les petits pays auront rencontré des périls extrêmes; ces neutralités, qu'on n'aura pas voulu fortifier en les complétant, auront couru de tristes hasards. Le comte de Bismarck est un homme soigneux: le dossier des griefs contre la Belgique, contre le Luxembourg est déjà commencé, soyez-en sûr. En s'opposant à la neutralité alsacienne, il sait ce qu'il fait.

Je l'avoue à ma honte, c'est avec un sentiment de découragement profond que je dicte ces lignes. Si je ne regardais plus haut que la terre, si je ne me rappelais qu'au-dessus des passions des hommes il y a la puissance et la compassion de Dieu, je me courberais comme tant d'autres, mettant mon manteau sur ma tête, et attendant ce qui doit arriver. Mais le Dieu de l'Évangile est là, et le devoir est là aussi.

Je sais ce qui m'attend. Résister aux défaillances après avoir résisté aux violences, c'est un double crime qui ne se pardonne pas. Injurié pour avoir combattu la déclaration de guerre, injurié pour avoir combattu la prolongation de la guerre, je le serai sans doute encore pour avoir combattu ici les deux politiques de guerre à outrance et pour avoir demandé une paix qui soit une paix.

Il n'importe, j'aurai accompli jusqu'au bout le devoir de procurer la paix; je me serai efforcé de défendre jusqu'au bout les idées de paix contre cet épouvantable débordement de haines dont nous sommes témoins. Cela me suffit.

CHEZ LE MÊME ÉDITEUR

LA

RÉPUBLIQUE NEUTRE

D'ALSACE

PAR

LE Cte AGÉNOR DE GASPARIN

SECONDE ÉDITION

In-8. Prix : 1 fr. 50

LES

CONSEILLERS BÉNÉVOLES

DU

ROI GUILLAUME

PAR

FRÉDÉRIC DE ROUGEMONT

In-8 : 1 fr. 50

www.ingramcontent.com/pod-product-compliance
Ingram Content Group UK Ltd.
Pitfield, Milton Keynes, MK11 3LW, UK
UKHW032002260826
14628UKWH00005B/2242

9 782013 442268